Raoul ALLIER

La Liberté de Conscience

à

MADAGASCAR

PRIX : 0 fr. 50

PARIS

IMPRIMERIE CENTRALE DE LA BOURSE. — ALCAN-LÉVY

117, Rue Réaumur, 117

1907

La Liberté de Conscience

à

MADAGASCAR

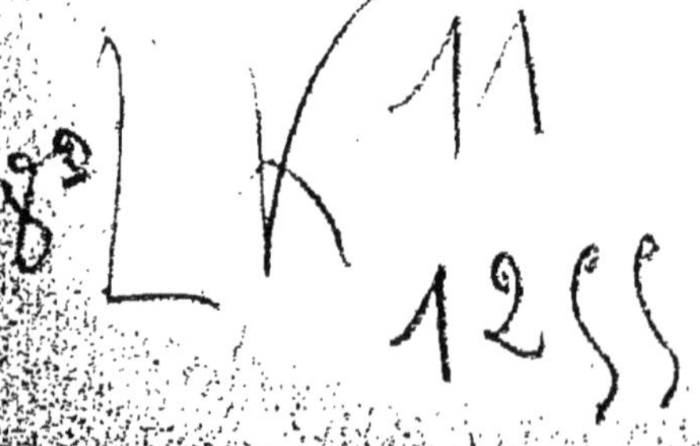

Raoul ALLIER

La Liberté de Conscience

à

MADAGASCAR

PRIX : 0 fr. 50

PARIS

IMPRIMERIE CENTRALE DE LA BOURSE. — ALCAN-LÉVY
117, Rue Réaumur, 117

1907

AVANT-PROPOS

La vraie Question

Je réunis ici, en y ajoutant quelques notes, quatre articles que j'ai publiés dans le Siècle *sous ce titre commun :* À Madagascar.

Il ne faut pas qu'il y ait de malentendu. Je ne m'attaque pas ici à un homme. Je ne m'en prends pas à l'ensemble d'une politique. Il ne serait pas difficile de trouver, dans tel article que j'ai publié dans le Siècle *(par exemple, le 21 octobre 1906), un hommage rendu à M. Augagneur pour ses efforts en vue de rétablir plus d'ordre, plus d'économie et plus de justice dans l'administration de Madagascar. Je ne retire rien de ce que j'ai écrit dans ce sens. Je serais tout prêt à le répéter encore.*

Le gouverneur général se trompe gravement quand il se figure et quand il laisse écrire que ceux qui défendent la liberté de conscience et de culte dans la grande île sont les alliés des flibustiers gênés par lui. C'est là une calomnie gratuite à laquelle il a tort de prêter l'oreille. En dépit de toutes les avanies qui leur sont faites, les hommes dont il s'agit sont avec lui contre les flibustiers de toutes sortes.

Aussi bien, M. Augagneur ne peut pas ignorer que le conflit est profond entre ces hommes et ceux qui tiennent à exploiter l'indigène. Dans un document qu'il connaît bien et qui est destiné à démontrer l'excellence des mesures prises, à Madagascar, contre la liberté de conscience et de culte, je lis : « Si nous quittons la région spéculative des idées pour rentrer dans les faits, dans le domaine de la réalité, nous sommes obligés de reconnaître que la politique coloniale ne peut s'excuser que par ses conséquences économiques tangibles. Le temps est passé où les peuples se croyaient ou semblaient chargés d'une mission moralisatrice de source mystérieuse. Les colonies ne valent que par les profits qu'on en tire... » Et voilà pourquoi il ne faut pas trop parler de la liberté religieuse comme de toute autre liberté. On peut ajouter ensuite que cela ne va pas sans des obligations envers le peuple conquis. Mais deux conceptions sont en présence : l'une, qui, tout en ménageant l'indigène par intérêt, fait retarder le plus possible le moment où il sera un homme conscient de sa dignité et de ses droits; l'autre, qui commande de préparer à la France le plus grand nombre possible de fils qui soient des hommes au sens le plus complet du mot. Les tenants de la première conception calomnieront toujours les autres. Est-ce à leurs côtés que doit se placer celui qui a l'honneur de gouverner au nom de la France républicaine?

Le différend dont il s'agit dans ces pages ne porte que sur une question précise. La raison d'Etat permet-elle de supprimer à Madagascar des libertés qui, pour nous, Français de France, sont essentielles, des libertés sans lesquelles la démocratie n'est qu'un leurre? Oui ou non, y supprime-t-on ces libertés?

J'ai cité des faits qui, malheureusement, ne sont que trop probants. J'aurais pu en citer d'autres. Est-ce bien la peine? La théorie que l'on essaie de mettre en pratique à Madagascar est suffisamment exprimée dans ce passage de la brochure anonyme qui a été distribuée au Parlement et qui est destinée à justifier la politique de M. Augagneur : « Nous ne jugeons pas les Malgaches, dans leur ensemble, capables d'exercer les droits de citoyens français dans leur plénitude. Nous ne leur avons donné le droit commun français ni au point de vue civil ni au point de vue politique. Ils sont soumis à des juridictions spéciales au point de vue judiciaire. Ils n'ont aucun droit administratif. La liberté de la presse, la liberté de réunion n'existent pas pour eux. Pourquoi n'aurions-nous pas le droit de limiter leur liberté dans l'ordre religieux, de décider que toute faculté leur est laissée de se convertir à la voix du missionnaire européen, mais que la prédication et le prosélytisme leur sont interdits ? »

Nous avons d'autres colonies que Madagascar. Nous avons d'autres sujets que les Malgaches, et ils n'ont pas tous les droits de citoyens français. Mais a-t-on jamais osé proposer que les libertés menacées par M. Augagneur leur soient enlevées ? Le Temps le disait excellemment le 3 novembre dernier :

« Pourquoi ferait-on une exception pour le protestantisme ? S'il est dangereux que les indigènes puissent se réunir entre eux sous prétexte de religion, ce n'est pas le protestantisme, c'est toutes les religions qu'il faut exclure ; ce n'est pas du clergé protestant seulement, c'est de tous les clergés qu'il faut exclure nos indigènes. Ainsi l'exigera la logique. La brochure ne recule nullement devant cette conséquence : « Il y aura « bientôt lieu de se préoccuper de l'islamisme, » dit-elle. Et elle ne fait point de distinction. Il faut « interdire aux Malgaches le droit de faire partie d'un « clergé quelconque ». Mais si on l'interdit aux Malgaches, pour quelles raisons le permettrait-on à d'autres ? Par conséquent, plus de bonzes en Indo-Chine, plus de marabouts en Algérie, en Tunisie et au Soudan. Quel est l'homme de bon sens qui ne sera pas épouvanté d'une pareille entreprise ? »

Il faut qu'on sache si, oui ou non, le gouvernement français veut s'atteler à une pareille entreprise. Il faut qu'on sache si, la répudiant pour toutes nos autres colonies, il entend laisser à un gouverneur général la faculté de l'essayer à Madagascar. Il faut qu'on sache si ce gouverneur général, qui a l'habitude de regarder les questions en face et de renoncer, quand il y a lieu, à une erreur, ne sera pas le premier à rejeter une politique décidément contraire aux intérêts de la paix publique et à tous les principes de notre peuple.

Il n'est pas possible que la République française, après avoir réalisé dans la Métropole la séparation des Églises et de l'État, en revienne dans ses colonies à un système pire que les Concordats, à un régime rappelant par trop les doctrines de Louis XIV.

De cette politique, je fais appel, non seulement devant le gouvernement et les Chambres, mais devant M. Augagneur lui-même.

Suis-je un naïf quand je m'adresse à M. le gouverneur général? Je me souviens que, dans d'autres circonstances, nous avons combattu — lui, très en vue; moi, très obscur — dans des rangs opposés. Il s'agissait alors de la réglementation de la prostitution. Il était réglementariste; j'étais parmi les abolitionnistes. La bataille était vive entre les deux partis. M. Augagneur ne s'est laissé dominer par rien. Il s'est mis devant le problème à résoudre; et, l'ayant étudié à fond, il est devenu l'allié de ceux qu'il traitait, auparavant, d'adversaires et d'hommes néfastes. Ce précédent, qui fait honneur à la liberté de son esprit, je n'ai ni le droit ni le désir de l'oublier. Il me permet, dans les tristesses de l'heure présente, d'espérer toujours que M. Augagneur, mieux informé, corrigera lui-même un régime qui n'est pas digne de lui.

Si je me trompe, je le regretterai pour lui. Je ne me repentirai jamais de m'être adressé à la bonne foi et à la bonne volonté d'un homme.

La Liberté de Conscience

à

MADAGASCAR

I

LES ÉCOLES

20 octobre 1907.

Des débats très vifs agitent, depuis près d'un an, notre colonie de Madagascar. On n'exagère rien en disant que les principes essentiels de notre démocratie y sont en jeu. Ces discussions, par suite de la prochaine arrivée de M. Augagneur en France, ne tarderont pas à être portées devant le public de la métropole. Celui-ci a le droit d'exiger tous les éclaircissements. Il faut qu'il juge, non d'après les passions des partis qui embrouillent tout, mais d'après les faits bien constatés et nettement compris.

Je me propose d'apporter ici cet exposé loyal et précis de ce qu'il faut savoir pour arriver à une opinion réfléchie sur les affaires de Madagascar. A bien des reprises j'ai fait l'expérience de la liberté dont on jouit, au *Siècle*, quand on n'a d'autre souci que celui du vrai. Je vais la faire une fois de plus. Mais il est bien entendu que je ne solidarise avec moi aucun de ceux qui me donnent une amicale hospitalité ou dont la signature voisine avec la mienne. Je ne parle ici qu'en mon nom personnel. Je n'engage d'autre responsabilité que la mienne propre.

La politique inaugurée par M. Augagneur touche à tout, à l'organisation de l'enseignement et à l'exercice du culte. Il est impossible de parler de tout à la fois. Je ne parlerai aujourd'hui que de ce qui a trait aux écoles et, pour commencer, je n'en relèverai qu'un point. Il n'y a pas d'autre moyen de voir à fond ce dont il s'agit.

Le 23 novembre 1906, le gouverneur général signait un " arrêté relatif à l'enseignement primaire à Madagascar ». L'article 17 de cet arrêté est ainsi conçu : « En aucun cas, les écoles privées ou les garderies ne peuvent être établies dans un temple ou un édifice quelconque consacré au culte. » Au premier abord, rien n'est plus conforme aux règles adoptées par l'Etat républicain en France. Pourquoi donc cette mesure a-t-elle soulevé les réclamations d'hommes qui en trouvent, chez nous, l'application toute naturelle ?

Il est loisible à certaines personnes de donner de cette attitude, contradictoire en apparence, les explications les plus désobligeantes. La vérité est bien simple.

Les choses se passent dans un pays tout neuf et où l'on ne saurait prétendre, en quelques années, mettre tout sur le même pied qu'en Europe. Les Malgaches n'ont pas eu l'idée de construire dans leurs villages deux édifices, dont l'un, ouvert du lundi au samedi, servirait de local à l'école, et dont l'autre, fermé durant la semaine, serait consacré au culte le dimanche. Ils ont ce qu'ils appellent — du moins les protestants — la « maison d'assemblée » et ils l'utilisent pour les services religieux et pour l'enseignement. Il faut bien se souvenir que, pour les protestants dont il s'agit, l'idée de sanctuaire n'existe même pas. Elle est aussi étrangère que possible à leurs esprits. C'est pour ce motif qu'ils n'auraient pas imaginé d'eux-mêmes la nécessité de s'imposer une double dépense et un double travail. Il leur faudra du temps, et même beaucoup, pour comprendre cette nécessité.

L'administration française s'installe dans l'île. Elle a parfaitement le droit d'y transporter les règles et les principes qui sont en vigueur chez nous. Mais peut-elle le faire brusquement, sans transition, avec une brutalité qui serait déconcertante ?... Deux gouverneurs généraux se succèdent. Ils réglementent l'enseignement privé. Ils ne touchent pas à une coutume qui est invétérée. Personne ne pense à prendre des dispositions dont l'autorité ne parle même pas. M. Augagneur décide, du jour au lendemain, que tout cela doit changer. La révolution doit s'accomplir comme un coup de théâtre.

L'arrêté est du 23 novembre 1906. Il semble, d'après l'article 20, que le délai imparti aux intéressés, pour se mettre en règle, soit de deux mois. Il faut donc que, sans retard, ils bâtissent une école partout où les classes se tenaient, jusque-là, dans le temple ; et il faut qu'en deux mois tout soit fini. Est-il possible que telle soit la volonté de l'administration ? On est à la veille de la saison des pluies. Rien de ce que l'on construit à cette époque de l'année, ne tient debout. C'est, de plus, le moment où le paludisme a sa recrudescence annuelle, le paludisme qui tend à prendre en Imérina une intensité qu'il n'avait pas jadis. A qui fera-t-on croire qu'un gouverneur général, qui est en même temps un médecin, oublie ainsi les exigences de l'hygiène ?

Les intéressés sollicitent donc des explications sur ce qu'ils ont à faire. Le gouverneur général répond par une circulaire qui est du 22 décembre. « Le délai imparti, dit la circulaire, expire deux mois après la promulgation de l'arrêté à l'*Officiel*. Si des dérogations sont réclamées..., elles ne pourront être examinées que si elles parviennent quinze jours au moins avant l'expiration du délai. » Que l'on y regarde de près, cette réponse aggravait l'arrêté. Elle en rendait l'application à peu près impossible. En quelques endroits même, les administrateurs n'ont pu la communiquer que la veille de l'expiration du délai.

Exiger que le régime de l'enseignement privé fût ainsi bouleversé dans l'espace de quinze jours, c'était au fond, et par une voie détournée, commander la fermeture de milliers d'écoles libres ; c'était établir, par un coup d'Etat déguisé, le monopole de l'enseignement officiel.

Ici, j'ouvre une parenthèse. Je ne songe pas à discuter le principe du monopole. Encore que je ne lui donne pas mon entière adhésion — et précisément pour les motifs que M. Clemenceau développa naguère, en un de ses plus beaux discours, devant le Sénat — j'accorde que le système du monopole, à de certaines conditions, est soutenable. En tout cas, je suis convaincu que le service public de l'enseignement est une fonction primordiale de l'Etat, qu'il ne doit s'en décharger sur personne et que l'école laïque, quand elle est vraiment neutre, vraiment respectueuse des consciences, peut être un moyen de rapprochement et de paix entre les enfants des diverses confessions religieuses. J'ajoute — parce que je le sais — que les missions protestantes n'avaient nullement l'intention d'opposer une concurrence quelconque aux écoles du gouvernement et qu'elles étaient disposées à fermer peu à peu leurs propres écoles, à mesure que l'administration en aurait créé d'autres, neutres et suffisamment nombreuses.

Cette politique de substitution progressive était possible, et même, si l'on néglige la question budgétaire, elle était facile à poursuivre. Elle n'a rien de commun avec la politique adoptée par le gouverneur général de Madagascar. Les missions ne pouvaient pas, dans un délai ridicule, construire des milliers d'édifices nouveaux. Mais M. Augagneur ne pouvait pas mieux, dans le même délai, ni en le prorogeant pour lui, à sa guise, créer les établissements nécessaires pour recevoir les enfants chassés de ces écoles fermées.

L'on essaiera d'ergoter sur le nombre de ces écoles fermées. La vérité, c'est qu'on ne peut pas donner des chiffres décisifs. Si l'administration va jusqu'au bout de son système, il faudra certainement parler de deux à trois mille écoles. Mais elle n'a pas eu le temps de répondre à une multitude de demandes d'autorisation qui lui ont été faites par chaque instituteur désireux de conserver ses élèves. Il y a des demandes datées — le timbre officiel en fait foi — de novembre 1906, et qui, le 31 août 1907, n'avaient pas encore obtenu de réponse (1).

On objectera qu'un très grand nombre de ces écoles n'avaient pas grande valeur, n'apprenaient pas grand' chose aux élèves et méritaient tout au plus le nom de garderies. Il est exact que beaucoup étaient très mo-

---

(1) A la date du 13 octobre dernier, la moitié des demandes faites n'avaient pas encore reçu de réponse. De plus, dans nombre d'endroits, les motifs donnés pour commander la fermeture de l'école sont entachés d'erreur. A Ampanarivo, Anérindrano, Ambato, dépendant d'Ambatonakanga, on invoque le fait que l'école se tenait dans le temple. Or, c'est faux : le bâtiment scolaire d'Ampanarivo, par exemple, est construit depuis trois ans et sert depuis cette époque.

destes. Et c'est précisément pour cela que les intéressés multipliaient leurs efforts pour les améliorer continuellement (1). Depuis 1899, un examen officiel avait été créé pour donner droit au brevet d'instituteur. La moyenne des jeunes gens reçus chaque année à cet examen est de 90 à 100, dont environ la moitié pour l'enseignement privé. En six ans, et par la force même des choses, ce dernier enseignement n'a donc pu préparer et faire recevoir qu'environ 300 instituteurs brevetés, dont près de 200 relèvent des missions protestantes. Les écoles libres s'amélioraient donc progressivement. Mais dans les plus humbles de celles qu'on affecte d'appeler des garderies, les élèves apprenaient au moins à lire, à écrire et à compter. L'école étant fermée sans être remplacée, ils n'apprennent plus rien du tout.

Un fait est certain. Le régime que le public français pourrait être tenté de prendre pour un essai de monopole de l'enseignement, n'en est qu'une caricature ; il est un régime d'ignorantisme organisé. Un missionnaire protestant français écrit du nord-ouest (région de Majunga) : « Ici, à Marovoay, existait une école bien montée, dont les indigènes payaient le maître, et qui avait 50 élèves. Il y avait une école des Pères, très bien aussi. Le tout a été fermé, alors que l'école officielle n'a qu'un maître, avec 110 enfants qu'il lui est impossible d'instruire. A Ambolomoty, les indigènes protestants ont offert de faire une belle école à leurs frais, d'y mettre un mobilier et de payer les maîtres. On leur a refusé cela... Nous avions 10 écoles

---

(1) Je sais que, pour diminuer la valeur de toutes ces écoles, on colporte, en ce moment, des récits de missionnaires rapportant des réponses absurdes qui leur auraient été faites par des élèves. Ce procédé est facile et ne prouve rien. Il y a quelques semaines, la plupart des journaux citaient le *Bulletin de l'Amicale de la Nièvre*, rapportant quelques-unes des bévues que les jeunes écolières de France commettent aux examens du certificat d'études. En voici quelques exemples : « Mlle Berthe prétend que Pasteur guérissait la rage et le microscope. — Mlle Joséphine raconte que la féodalité fut une grande défaite, et elle ajoute que jamais les guerres ne sont bien utiles, même gagnées. — Mlle Yvonne nous apprend que le Havre est un port militaire célèbre par ses huîtres. — Mlle Suzanne croit que Mme Roland fut une reine de France guillotinée. — Mais Mlle Mathilde rectifie : « Mme Roland, dit-elle, était la femme du neveu de Charlemagne, qui mourut en jouant du cor de chasse ».

Y aurait-il parmi nous quelqu'un pour conclure de ces bévues au peu d'importance qu'aurait la fermeture des écoles primaires en France ?

ici ; on les détruit. Voici la situation exacte dans ce district de Marovoay : 2 écoles officielles, mal montées, sans mobilier, l'une à Marovoay même avec 110 élèves et un seul maître, l'autre à Sainte-Marie de Marovoay, avec un maître et 6 élèves. Or, le district comprend 10.000 habitants ; Marovoay en a 4.500, Ambolomoty en a près de 2.000. Nous avions là plus de 500 élèves. Faut-il qu'il y ait là, bientôt, plus d'illettrés qu'avant la conquête ? »

Voici ce qu'on m'écrit d'Ambatolampy : « Au lieu de 3 écoles brevetées (c'est-à-dire ayant un maître breveté) et 20 écoles non brevetées, que j'avais au 26 novembre 1906, j'ai demandé l'autorisation d'avoir 4 écoles brevetées et 12 écoles non brevetées (total : 16 au lieu de 23). On m'accorde, et avec des restrictions, celle d'Ambatolampy seulement. M. Rustaad, mon collègue luthérien, avait autant d'écoles que moi ; on ne lui en accorde pas une seule, pas même celle de la station, où il avait un superbe local fréquenté par 130 enfants. Ajoutez que l'abbé Fontanié en avait au moins 40 et qu'on ne lui en reconnaît que 2 ; et vous voyez le désert scolaire qui s'étend sur cette contrée. Voilà une région grande comme deux départements de la France, où il y avait environ 100 écoles libres (60 protestantes et 40 catholiques), plus une dizaine d'écoles officielles. On ne laisse subsister que cette dizaine et 3 écoles libres. »

Ailleurs, comme à Isoavina, dans le Vonizongo, 200 enfants se pressent à la porte de l'école officielle. Or, celle-ci n'en peut guère contenir que 60 à 80 ; le reste s'assied sur l'herbe, dehors ; mais que peut faire un instituteur dans de pareilles conditions ?

Cette politique n'a aucun rapport avec celle qui est digne de la France républicaine. Je comprends, et presque tous les intéressés admettent que l'administration travaille à substituer peu à peu des écoles officielles aux écoles libres. Mais il faut que ce soit une substitution réelle. Il ne faut pas que l'on détruise à tort et à travers, sans remplacer ce que l'on détruit, ou en le remplaçant dans de si faibles proportions, que trois quarts de siècle soient ensuite nécessaires pour réparer le mal causé d'un trait de plume. Le rôle de notre pays à Madagascar est d'y augmenter la lumière. Il n'est pas d'y épaissir les ténèbres de l'ignorance. Je ne dis pas que la politique du gouverneur général poursuive ce résultat. Je dis que, par sa précipitation, elle y conduit. Il est permis de le dire sans être coupable de cléricalisme.

P.-S. — (16 *novembre*). — Une lettre du 13 octobre m'apporte les nouvelles suivantes : « Un fait grave, c'est la fermeture de toutes les écoles protestantes de Tananarive qui sont dirigées par des instituteurs indigènes. Elle a été ordonnée la semaine dernière. A Amparibé (un des quartiers de la ville) existait une grande école, dans un immeuble de deux étages, bien supérieur à ceux que possède le *fanjakana* (administration), avec un bon mobilier et deux maîtres brevetés. Elle a été fermée contrairement aux déclarations multipliées du chef du service de l'enseignement, et sous prétexte qu'elle était trop près de l'école d'Ambatonakanga. Fermées de même les écoles d'Isotry (qui avait près de 200 élèves), d'Ankadimbahoaka, d'Ankadifotsy, d'Antanimena, d'Ambatoroka. Ajoutez à cela que les missions intéressées ont supprimé elles-mêmes, faute de local distinct du temple, plusieurs écoles de Faravohitra, Ambohipotsy, Avaratr'Andohalo, Ambavahadimitafo, Ambanidia, Imahamasina, et d'autres quartiers encore. Vous voyez quelle diminution énorme l'enseignement a subie dans la capitale, qui est, cependant, un endroit privilégié. Déjà, il y a trois ans, le gouvernement n'avait établi qu'une seule école pour en remplacer quatre appartenant aux Frères de la Doctrine chrétienne. Depuis ce temps, une seule école nouvelle a été ouverte ici. »

II

LA LIBERTÉ DU CULTE

27 octobre 1907.

Je laisse, pour aujourd'hui, la question des écoles. Je suis obligé d'aborder tout de suite un autre ordre de faits, ceux qui intéressent la liberté religieuse proprement dite. En matière d'enseignement, mes préférences réfléchies vont au régime de la liberté réglée par la loi ; mais je ne protesterais pas contre le monopole — à condition, bien entendu, que la neutralité fût scrupuleusement observée dans les écoles officielles et que l'instruction ne fût pas diminuée. Dès qu'il s'agit de la liberté de conscience, une seule attitude convient à un républicain : c'est celle d'une intransigeance irréductible. Or, cette liberté est mise en péril — pour ne pas dire : confisquée — à Madagascar.

On ne conteste pas au gouvernement le droit de surveiller de près ce qui se passe dans une colonie relativement jeune et de suivre attentivement les mouvements d'opinion qui peuvent s'y produire. A la rigueur, le régime de l'autorisation préalable, pour l'ouverture de nouveaux lieux de culte, est soutenable en théorie. En fait, par l'histoire de ce qui s'est passé chez nous en plein dix-neuvième siècle, nous savons que ce régime est, le plus souvent, celui de l'arbitraire. Le système préventif facilite les dénis de justice qu'on ne se donne même pas la peine de motiver. Il n'offre aucun recours aux parties lésées. Il favorise toutes les tyrannies. Le système répressif est le seul efficace. Quand il laisse aux inculpés le moyen de se défendre, il évite à l'administration le reproche d'avoir frappé sans raison ou pour des raisons inavouables. En tout cas, le régime de l'autorisation préalable doit être dénoncé, quand il n'est plus une arme de défense et qu'il devient une arme d'oppression.

D'après la doctrine officielle, une enquête est entreprise dès qu'une demande d'autorisation est adressée au gouvernement. Mais personne n'ignore à Madagascar combien il est facile à un personnage galonné, en interrogeant les indigènes sur un certain ton, de les intimider et de leur faire dire le contraire de ce qu'ils pensent. Sur vingt Malgaches, auxquels un agent du *Fanjakana* demande, avec un air de mécontentement et de blâme, s'ils ont vraiment mis leur signature au bas d'une pétition sollicitant l'ouverture d'un temple, il y en aura toujours quelques-uns pour prendre peur et pour murmurer qu'ils n'ont pas osé refuser leur nom. Et la comédie est jouée. Si elle est humiliante pour les indigènes, est-elle à l'honneur des administrateurs qui la jouent ?

Les enquêtes commandées par M. Augagneur auraient un petit air de sérieux, si elles aboutissaient, tantôt à des autorisations, tantôt à des interdictions. On pourrait soutenir que l'administration prend vraiment des décisions d'espèce et n'obéit à aucun parti pris. Il serait malaisé de discuter d'ici chaque cas particulier. Mais les choses ne sont pas si compliquées. M. Augagneur, à ma connaissance du moins, n'accorde aucune des autorisations sollicitées (1). Il est vraiment étrange que pas une seule requête n'ait été présentée dans les conditions normales.

Aussi bien ne se contente-t-on pas de défendre l'ouverture de nouveaux temples. Il arrive qu'on défende de réparer les temples anciens ou qu'on les ferme. Il est loisible de se demander si le régime de l'autorisation préalable peut, en droit, s'étendre jusqu'à la question des réparations. Une population a obtenu le droit d'avoir un lieu de culte : pourquoi n'en peut-elle refaire le toit qu'avec le congé de l'autorité publique ?

Voici, par exemple, l'affaire de Maroantsetra. Il y avait jadis, dans cette ville de la côte, deux temples — un à chaque extrémité de la ville. Il y a quelques années, un officier arrive et dit aux habitants d'une des parties de la ville : « Nous avons besoin de votre temple. » Et l'édifice est confisqué. Six mois après, survient un autre chef de la province. Il déclare que l'administration ne peut se passer du second temple, et il le prend. Ces pauvres gens, assez longtemps sans lieu de culte, demandèrent l'autorisation d'en construire un et l'obtinrent. Mais la construction, faite très hâtivement, à la veille de la saison des pluies, avec des matériaux improvisés, fut détruite par les orages. Ils demandèrent une seconde fois l'autorisation de bâtir un temple digne de ce nom, et ils l'obtinrent encore. Ils se donnèrent beaucoup de mal et achevèrent leur construction avec l'agrément des autorités. Ils y célébraient leur culte depuis deux ans, lorsqu'arriva l'administrateur Goujon qui fit fermer le temple sans donner de raison. Voilà donc des gens qui, après avoir construit quatre temples, n'en possédaient pas un seul. Et défense leur était faite, pour célébrer leur culte, de se réunir dans une maison privée. Ils sollicitent auprès de l'administrateur ; on ne leur répond pas. La mission protestante française intervient en leur faveur à Tana-

____

(1) On verra plus loin, au début du chapitre suivant, que quelques autorisations, dans un district de la côte orientale, ont été accordées. Mais ces exceptions soulignent l'arbitraire des refus généralement opposés aux demandes.

narive. On lui fait attendre six mois le résultat d'une enquête approfondie ; on ne consent pas à dire, d'ailleurs, sur quels points mystérieux porte cette enquête. Enfin, son président reçoit la lettre suivante :

Tananarive, 1ᵉʳ mai 1907.

Monsieur,

Vous avez exprimé le désir de voir rapporter la mesure que j'avais prise au sujet de la fermeture du temple de Maroantsetra.

Je n'ai pas manqué, à la suite de votre démarche, de prescrire à l'autorité locale une enquête minutieuse sur cette affaire.

Des renseignements que vient de me faire parvenir M. l'administrateur Goujon, il résulte que ma décision première était justifiée et doit être maintenue.

Je ne puis, en conséquence, donner satisfaction à votre requête et je vous en exprime mes regrets.

Veuillez, etc.

Signé : V. Augagneur.

Ainsi, un temple, construit avec l'autorisation d'un administrateur, est fermé par un autre qui n'a pas besoin de fournir de motif. Et quand des citoyens s'adressent au gouvernement général, celui-ci ne daigne pas leur donner une seule raison. Sommes-nous dans une colonie de la République française ou dans la France de Louis XIV ?

A Marovoay (un autre Marovoay que celui dont j'ai parlé à propos des écoles), à une demi-heure de Moramanga, des Bezanozano protestants ont voulu se donner un temple. Ils en ont demandé l'autorisation, l'an dernier, à l'administrateur du district qui a accordé un avis favorable. Ceci prouve que l'enquête n'a pas tourné contre les pétitionnaires. Le gouverneur général, après des mois de silence, refuse sans formuler aucun motif.

Dans le pays Sihanaka, le temple de Marosalazana a été détruit par un incendie, il y a près de trois ans. Trois pétitions, couvertes de 72 signatures, ont été envoyées aux administrateurs pour leur demander la permission de le rebâtir ; on n'y a jamais répondu. Un missionnaire protestant français a été prié par ces indigènes d'intervenir ; il a essuyé un refus tout net. Depuis, tous les temples de cette région ont été fermés.

Autre fait. Trente temples, dépendant de la mission norvégienne (dont 23 construits avant 1905) ont été fermés, en novembre 1905, dans le seul district de Van-

gaindrano, et huit l'ont été dans le district d'Ambon-
drona. Des affiches, placées à la porte des temples, en
interdisent l'entrée. En plusieurs localités, l'administration a fait planter des cactus pour en barrer l'accès.
On défend, d'ailleurs, les réunions religieuses dans les
maisons privées. Or, il y a près de vingt mois, l'administrateur en chef de la province a reconnu que rien ne
s'opposait à la réouverture de ces temples et qu'il
appuierait volontiers la demande auprès du gouverneur
général. Son successeur a déclaré qu'il ne voyait aucune
raison qui motivât la fermeture de ces temples ; et, à
plusieurs reprises, il s'est dit prêt à appuyer les requê-
tes portées à Tananarive. Pendant dix-huit mois, trois
demandes ont été adressées au gouvernement général.
A la date du 26 mai dernier, elles étaient toutes trois
restées sans réponse. .

Je pourrais multiplier les exemples de ces vexations
arbitraires. Ce serait trop monotone. Voici un cas d'une
tout autre espèce et qui est significatif. J'en emprunte
l'exposé à un mémoire qui a été présenté, il y a déjà
bien des mois, à M. le ministre des colonies :

« Un missionnaire protestant français, M. Eug. Parisot, chargé d'une vaste province, le Valalafotsy, où il
n'y a encore presque aucun temple, a cru pouvoir sortir
de difficulté en louant, en achetant ou en bâtissant à
ses frais, dans quelques localités importantes, une case
où il convoquerait ses auditeurs. Il ne s'agissait plus
de faire demander par les indigènes l'autorisation de
construire des temples. Il s'agissait, pour un Européen,
de les inviter à venir librement chez lui, entendre ses
explications et ses exhortations.

" Nous osons dire qu'il n'existe pas de colonie au
monde, où une pareille liberté puisse être contestée.
Or, l'autorisation a été refusée à M. Parisot par l'administration en chef de la province et par le gouverneur
général lui-même. Bien plus, tous les petits gouverneurs indigènes de la région ont été avisés de cette
interdiction, singulièrement humiliante pour un citoyen
français. Dès lors, si M. Parisot, passant outre à un
refus arbitraire et qui révolte la conscience, avait loué
une case et convoqué les habitants à venir y entendre
une conférence religieuse, ceux-ci auraient été infor-
més par leurs gouverneurs qu'il leur était défendu,

sous peine d'amende, ou de prison, de se rendre à l'invitation (1). »

Les avocats bénévoles de M. Augagneur essaient parfois de justifier par le très grand nombre de temples existants l'interdiction d'ouvrir de nouveaux lieux de culte. « Il y a, disent-ils, à Madagascar, plus de 3.000 temples ou églises. C'est plus que suffisant pour les besoins religieux des Malgaches. » Et le public ne réfléchit pas que Madagascar est plus grand que la France et qu'il aurait été très ingénieux, au dix-septième siècle, d'interdire aux protestants de Normandie la construction de temples sous prétexte que les temples abondaient dans les Cévennes ou le Bas-Languedoc. Louis XIV n'avait pas trouvé celle-là. Le progrès n'est pas un vain mot.

On invoque encore des considérations économiques : « Ces constructions, dit-on, sont, pour les indigènes, des charges contre lesquelles il faut les protéger. » Mais si ces dépenses que les indigènes demandent la permission de faire sont librement désirées par eux, de quel droit quelqu'un viendra-t-il déclarer qu'elles ne doivent pas être faites ? Quand les individus sont en règle avec la loi, quand ils ont fidèlement payé leurs impôts (et ceux dont il s'agit donnent le bon exemple), au nom de quel principe leur défendrait-on de consacrer une partie de leurs ressources à bâtir, réparer ou embellir un lieu de culte qu'ils estiment leur être nécessaire ?

Qu'on ne parle pas d'un droit de tutelle paternelle. Ce droit est singulièrement exercé quand, jugeant que la construction de 3.000 églises ou temples a dépassé la capacité financière des Malgaches, M. Augagneur les contraint à doubler, ou peu s'en faut, en l'espace de deux mois, le nombre de ces édifices. N'est-ce point le premier résultat de cet arrêté qui commande de laisser fermé du lundi au samedi l'immeuble qui sert le dimanche pour le culte et d'en bâtir un autre qui soit réservé pour l'école ? Voilà un souci de ménager l'indigène qui se traduit d'étrange manière — surtout quand cette mesure se prend — comme je l'ai montré

---

(1) On affirme que, sur la côte orientale, un prêtre catholique, qui voulait célébrer la messe dans une case en y admettant des indigènes, n'y a pas été autorisé. Si c'est exact, je proteste contre ce cas aussi bien que contre celui de M. Parisot.

— à la pire date de l'année, à la veille de la saison des pluies.

Et puis que valent toutes ces prétendues raisons, quand il s'agit, non pas de temples à construire, mais de temples existants et que l'on ferme? Que valent-elles, quand c'est un citoyen français qui n'est pas admis à réunir des indigènes dans un local loué par lui-même? Ces raisons ne sont pas les vraies. Les motifs profonds de la politique de M. Augagneur sont dans une brochure anonyme, mais qui, en quelques passages, est comme signée par le gouverneur général lui-même, et que l'on distribue depuis quelques jours aux membres du Parlement. Louis XIV avait sa doctrine pour exiger le retour du royaume à l'unité morale. Le tsar en a une pour soupçonner un péril social dans toute dissidence religieuse. M. Augagneur a la sienne pour ligoter la liberté de conscience et de culte. Nous regarderons en face cette doctrine. Ce sera pour mon prochain article.

III

UNE POLITIQUE DANGEREUSE

4 novembre 1907.

Le dernier courrier de Madagascar, arrivé par le même bateau que M. Augagneur, m'apporte une importante nouvelle: quelques-uns des très nombreux temples qui avaient été fermés sont rouverts. Sans doute, il ne s'agit pas d'une mesure générale, et il s'en faut même de beaucoup; sans doute, bien des paroles, prononcées à l'occasion de son départ, ne semblent pas annoncer que le gouverneur général soit à la veille d'adopter une politique nouvelle. Mais, enfin, si une détente doit se produire, il faut bien qu'elle ait un commencement, fût-il très modeste. Je ne serai pas homme à méconnaître la moindre velléité de libéralisme. Je me sens tout prêt à souligner avec reconnaissance tout ce qui pourrait préparer un régime normal et la pacification des esprits.

Il y a plus. La procédure, qu'a paru accepter un administrateur, n'est pas, précisément, le régime que je désire pour Madagascar. Ce que je demande, avec

tout le parti républicain, c'est qu'on applique enfin
dans nos colonies la loi du 9 décembre 1905 sur la séparation des Eglises et de l'Etat. C'est la seule voie dans
laquelle on trouvera la justice et l'apaisement. Mais
si l'on consent — ce qui n'a pas encore été accordé —
à considérer comme acquis au culte les temples construits avant une certaine date (celle de la conquête,
si l'on veut), à examiner avec bienveillance le cas des
temples construits depuis cette date, à permettre les
réunions religieuses de moins de vingt personnes dans
les maisons privées et à concéder le droit de bâtir un
lieu de culte à tout groupe de plus de vingt indigènes
ayant payé leurs impôts, dépourvus de casier judiciaire
et habitant à une certaine distance d'une église ou d'un
temple de même dénomination, — c'est acceptable
comme régime de transition.

Je dis : régime de transition. Le système de l'autorisation préalable a fait ses preuves en France même ;
jusqu'à ces dernières années, et avec des préfets républicains, il a été parfois odieux par la dose de bon
plaisir qu'il comportait. S'il a été tel dans la métropole,
que sera-t-il dans une colonie? C'est pour cela qu'il
faudra transporter au plus vite à Madagascar, comme
dans toutes nos possessions, le régime de liberté qui
est seul compatible avec notre démocratie. Cette belle
œuvre serait digne d'un cabinet présidé par M. Clemenceau, qui a M. Briand pour ministre des cultes,
et dont le ministre des colonies est vraiment plein de
bonne volonté. Cependant, si d'aucuns tiennent à ménager les transitions, qu'on le fasse: mais que ce soit
de bonne foi, sans parti pris d'arbitraire. L'entente
serait facile.

Mais pour que cette entente fût possible, pour qu'on
pût s'acheminer vers l'application de la loi française
dans une colonie française, il faudrait que M. Augagneur voulût bien soumettre à une critique nouvelle
les principes philosophiques qui l'inspirent et qu'il ne
se donnât pas pour mission d'aller ruiner à Madagascar
une confession religieuse déterminée. J'en appelle de
sa politique actuelle aux réflexions plus approfondies
qu'il pourra faire. Il ne m'en voudra pas si je discute
sa doctrine.

M. Augagneur, en bien des circonstances, a affirmé
cette conviction : « Le protestantisme, sans inconvé-

nients politiques en France, est menaçant pour l'avenir de nos colonies. » C'est formellement écrit, et en ces termes mêmes, dans la brochure anonyme à laquelle faisait allusion mon dernier article et dont certains passages équivalent à une signature. C'était déjà dit, il y a quelques mois, dans une interview retentissante du *Matin*. C'est clairement indiqué dans la conversation que le *Temps* du 31 octobre a publiée.

Le protestantisme, d'après le gouverneur général de Madagascar, a pour tort essentiel d'admettre le pastorat indigène. Il ne croit pas indispensable — indispensable au moins en fait, sinon en théorie — de placer un blanc à la tête de chaque église locale. Il accepte que chaque église locale soit dirigée par un pasteur qui appartienne à la même race que les fidèles. Et, de la sorte, un seul missionnaire européen peut avoir sous son administration spirituelle — tel une sorte d'évêque — tout un district avec toutes les communautés qu'il renferme. Mais les pasteurs indigènes sont les vrais conducteurs de ces communautés. Dès lors, ne risquent-ils pas d'acquérir une trop grande influence et de devenir de vrais chefs politiques? Voilà, nous dit-on, ce que l'administration française, soucieuse de l'ordre public, ne saurait tolérer.

Non, certes! répondrai-je. L'administration ne saurait le tolérer. Mais si des abus se produisent — et dans quel pays idéal ne s'en produit-il pas? — il n'y a qu'à les réprimer. Les autorités sont assez armées pour ôter à ceux qui les commettent l'envie de recommencer. Elles n'ont le droit de substituer la méthode préventive à la méthode répressive que si elles sont en état de dire: « Il y a, décidément, un pouvoir qui se dresse continuellement en face de nous, qui nous crée tous les ennuis et qu'il est de bonne guerre de supprimer. » Mais qui oserait, en conscience, tenir ce langage? Qui prétendra que la paix générale est compromise, dans l'île, par l'existence de ces communautés indigènes? Qui accusera les pasteurs indigènes de susciter systématiquement des difficultés à nos administrateurs et d'organiser je ne sais quelle résistance?

Ce qu'il y a de curieux, c'est qu'on ne savait rien de ces agissements extraordinaires jusqu'à l'arrivée de M. Augagneur à Madagascar. Le général Galliéni ne les avait pas soupçonnés. Est-ce donc que le nouveau gouverneur, en quelques semaines, a vu ce que d'autres yeux, moins perspicaces, ne distinguaient pas avant lui? Non, mais il a fait un raisonnement. Il s'est dit que ce péril ne pouvait pas ne pas exister et que, par conséquent, il existait. Et il s'est mis à le redouter et à prendre ses mesures contre lui.

Voici comment il explique son attitude au rédacteur du *Temps*: « Remarquez que les 200 pasteurs européens qui vivent à Madagascar correspondent à plus de 3.000 temples. On est en droit de *craindre* que la surveillance des Européens n'y soit illusoire sur la plupart des pasteurs indigènes. Lorsqu'on affirme le loyalisme des indigènes, on peut garantir celui du pasteur européen. Mais celui de l'indigène? *Puis-je savoir* ce qui se passe dans ces réunions, dites cultuelles, tenues loin de l'œil de ce loyal pasteur européen?... Oui, je *crains* que les Eglises protestantes indigènes ne se transforment en centre d'agitation politique. »

Ainsi le vrai motif de redouter ces réunions, c'est la difficulté de savoir de quoi l'on y parle. Que serait-ce donc si ces réunions, au lieu d'être publiques, étaient occultes et secrètes? Or, il faudra bien que les assemblées religieuses revêtent ce caractère, si les temples, quand ils ne seront pas desservis par un missionnaire européen, ne peuvent pas s'ouvrir et si ces assemblées sont interdites dans les maisons privées. On ne se figure pas, j'imagine, que les gens qui veulent prier ensemble y renonceront purement et simplement parce qu'ils n'auront pas de temples. Ils sauront se rencontrer dans des lieux écartés, dans la brousse, loin des administrateurs. Et alors qui saura de quoi ils parleront? On peut se douter qu'ils ne s'entretiendront pas avec une reconnaissance émue du libéralisme de la France.

Si j'avais l'honneur d'être gouverneur général de Madagascar, je redouterais beaucoup plus ces réunions occultes que le chant des cantiques dans des temples ouverts à tout le monde et les sermons que n'importe qui peut entendre. Quelques centaines de camisards, créés artificiellement à Madagascar, seraient autrement dangereux que les milliers de fidèles réunis dans des lieux de culte aisément surveillés.

M. Augagneur a l'air de craindre que le pastorat indigène ne soit accaparé par les anciens nobles du plateau central, que la conquête a dépossédés de leur hégémonie. Qu'il y en ait eu un certain nombre, surtout au début, dans ce pastorat, et qu'il y en ait encore quelques-uns, c'est un fait. Mais c'est un fait aussi qu'il y en a dans l'administration et que le gouvernement français ne s'est pas toujours attaché, par des distinctions et de gros traitements, ce qu'il y avait de plus honorable dans cette aristocratie. Les bureaux officiels se sont-ils toujours débarrassés d'intrigants assez malpropres ? D'autre part, ne peut-on pas citer d'anciens nobles ou d'anciens chefs qui, après s'être imposés, comme pasteurs, à l'élection de telle ou telle Eglise locale, ont été révoqués par elle de leur charge, à la suite d'un scandale ou d'un abus d'autorité ? Cela ne dénonce pas un bien grand ascendant de cette aristocratie, dont personne n'ignore, d'ailleurs, qu'elle est réduite à la misère. Et si l'on s'obstine à redouter cet ascendant, faut-il qu'il s'exerce dans les ténèbres de conciliabules où l'oppression des consciences fournirait un thème facile à des prédications de haine ?

Enfin, pour se rassurer, M. Augagneur n'aurait qu'à faire une visite à l'école pastorale d'Ambatomanga. Il n'y verrait que des jeunes gens qui n'ont aucun passé politique, qui n'ont aucun lien avec l'ancien régime malgache, et qui même n'ont presque pas connu ce régime : ils avaient six ou sept ans au moment de la conquête. Ils y sont admis en raison de leurs qualités intellectuelles et morales et non de leur condition sociale ; et, de ce fait, ce sont presque tous de modestes fils de paysans ou d'instituteurs de campagne. Ce n'est pas une Révocation de l'édit de Nantes qu'il faut pour supprimer la prétendue autorité spirituelle de l'aristocratie malgache. Si tant est qu'il en existe encore de minimes parcelles, quelques volées de ces étudiants suffiront à les éliminer.

Ce pastorat indigène, au lieu de créer un péril, est une garantie de paix et d'ordre. M. Augagneur pense le contraire. Il me permettra de dire que mes études d'histoire religieuse m'empêchent de partager son avis. Quand donc le prophétisme cévenol a-t-il surgi, avec ses scènes d'extase et ses épidémies de phénomènes nerveux ? N'est-ce pas quand Louis XIV a privé les Eglises huguenotes de leurs pasteurs et de leurs temples ? Quand donc ce prophétisme a-t-il disparu ? N'est-ce point quand les Eglises proscrites ont décidé, malgré les édits royaux, de rétablir les cultes réguliers et d'organiser le pastorat normal ? M. Augagneur n'aime pas les convulsionnaires sur la tombe du diacre Pâris. Je ne les aime pas, non plus. Mais je sais qu'un pastorat indigène, formé par les Européens, peut seul les faire disparaître et que la fermeture des temples ne réussirait qu'à les exaspérer jusqu'à la haine et peut-être la révolte.

Je m'en tiendrais volontiers à ces considérations. Mais M. Augagneur me reprocherait de n'avoir pas tenu compte de ce qu'on appelle l' « Ethiopianisme ». J'aurais mauvaise grâce à négliger ce point. Je le traiterai d'autant plus volontiers que j'ai contribué beaucoup, paraît-il, à attirer sur l' « Ethiopianisme » l'attention du gouverneur général de Madagascar (1). Tandis qu'il y voit un argument en faveur de sa thèse, j'y trouve un motif de plus de me fortifier dans la mienne. Je m'expliquerai.

<h2 style="text-align:center">IV</h2>

LE FANTÔME ÉTHIOPIEN

10 novembre 1907.

M. Augagneur répète à qui veut l'entendre — et c'est chez lui une ardente conviction — que toute sa politique religieuse est inspirée par un souci patriotique. Il est profondément ému par un phénomène social qui s'est produit dans l'Afrique australe. Il veut éviter à Madagascar la crise de l' « Ethiopianisme ». Et comme il croit distinguer un lien organique, nécessaire, entre l' « Ethiopianisme » et le protestantisme, il déclare que celui-ci est « menaçant pour l'avenir de nos colonies ».

Qu'est-ce donc que ce phénomène au nom étrange et dont nos journaux n'ont point coutume d'entretenir le public ? C'est un mouvement provoqué par l'idée de race. Les « Ethiopiens » sont des noirs chrétiens qui revendiquent pour les noirs la direction exclusive de

---

(1) C'est un article publié par moi, dans le *Siècle* du 14 août 1904, que M. le Gouverneur général invoque sans cesse à l'appui de ses idées.

leurs Eglises. Ils veulent évincer des communautés fondées par les missionnaires ces blancs qui prétendent faire leur éducation. Leur mot d'ordre, colporté du Cap au Zambèze, est: « Les Eglises noires aux noirs ! » Et peu à peu cette revendication s'est élargie. L'orgueil ethnique n'est plus satisfait par de simples dissidences ecclésiastiques. Il a fait surgir d'autres ambitions; et le mot d'ordre primitif se change de plus en plus en celui-ci : « L'Afrique aux Africains ! »

Là-dessus, M. Augagneur prend feu. Voilà le sort qui attend Madagascar si l'on laisse se créer un pastorat indigène qui, par la force même des choses, voudra conquérir son indépendance à l'égard des missionnaires blancs, se contentera, dans les débuts, de suggérer un patriotisme purement religieux et deviendra peu à peu, pour les Malgaches, un centre de ralliement politique. L'expérience de l'Afrique australe est probante. La France ne voudra pas la recommencer pour son compte.

Je ne pense pas avoir affaibli la thèse de M. Augagneur. Un lecteur, qui connaîtrait l' « Ethiopianisme » uniquement par ce que je viens d'en dire, ne serait-il pas assez disposé à prendre au sérieux le péril signalé et à donner son approbation aux mesures proposées par le gouverneur général pour conjurer ce péril? Mais alors une question le poursuivrait : comment se fait-il que les gouvernements de l'Afrique australe — pas même le gouvernement portugais à Lourenço-Marquès — ne suspendent, pour se défendre, aucune des libertés que M. Augagneur propose de supprimer à Madagascar? Il convient donc de regarder les faits d'un peu plus près.

Il y a, d'abord, les exagérations qui font sourire les gens au courant. On croirait, d'après certains propos, que l' « Ethiopianisme » est absolument vainqueur dans les Eglises protestantes de l'Afrique australe, qu'il a groupé tous les noirs dans des communautés où les blancs ne sont plus admis à intervenir et que le bloc religieux de l'opposition aux Européens est définitivement organisé. M. Augagneur lui-même va jusqu'à raconter à un rédacteur du *Temps* (Voir le *Temps* du 31 octobre) que l' « Ethiopianisme », dans l'Afrique du Sud, « a purement et simplement expulsé des temples les pasteurs de race blanche ». J'affirme que ce n'est là qu'un roman. Le mouvement de « l'Afrique aux

Africains » a causé des scissions dans un certain nombre de communautés; il a travaillé et il travaille beaucoup de missions. Mais il est radicalement faux qu'il ait obligé un seul missionnaire européen à repartir d'Afrique avec le sentiment d'un rôle terminé. *A côté* des Eglises indigènes, dirigées par des blancs, il a suscité d'autres Eglises indigènes, exclusivement dirigées par des noirs; il n'a pas *substitué* les secondes aux premières; et les premières sont encore, et de beaucoup, les plus importantes. Le danger politique n'est pas dans l'organisation ecclésiastique que l' « Ethiopianisme » a fondée et qui est médiocre: il est dans l'état d'esprit que ce mouvement manifeste et qui déborde le cadre des Eglises.

En réalité — d'une exagération, je passe maintenant à une erreur — ce mouvement n'est pas spécifiquement religieux; il peut l'être par accident, il ne l'est point par essence. Il se produit sous les formes les plus variées, et qui sont parfois aussi profanes et laïques que possible, partout où les indigènes sont assez instruits pour n'accepter plus, sans une protestation de conscience, la situation de race inférieure et expropriée de tous les droits. Que les peuples colonisateurs s'en accommodent, s'en servent ou s'en indignent, c'est un fait universel et qu'il n'est au pouvoir de personne d'empêcher.

Si ce fait s'est produit, en Afrique, sous la forme religieuse, la raison en est simple. Il n'y avait là de noirs un peu développés que parmi ceux qui avaient été élevés par les missions; et si leur mouvement vers l'indépendance s'est montré d'abord dans le domaine ecclésiastique, la faute en a été, pour commencer, aux blancs qui, même lorsqu'ils se disaient chrétiens, ne se résignaient pas à se trouver, dans les temples, côte à côte avec des noirs. Sur la porte de combien d'églises ne lisait-on pas, au commencement du siècle dernier: « Défense d'introduire ici des chiens ou des Cafres! » Ces inscriptions ont disparu depuis longtemps. Mais les sentiments qu'elles traduisaient ont-ils également disparu partout? Les souffrances que la perception sourde de ces sentiments excite parfois, les rancunes qui restent du souvenir de ces inscriptions, expliquent, en partie, l' « Ethiopianisme ».

Il faut ajouter que les missions qui combattaient cette

attitude offensante des blancs n'ont pas été sans commettre des fautes. Elles ne se préoccupaient pas assez de préparer pour l'autonomie les communautés qu'elles fondaient. Elles avaient trop l'air de considérer les indigènes comme destinés à une éternelle minorité; elles négligeaient trop, sans même s'en apercevoir, de les prendre comme des collaborateurs, de les traiter comme des hommes qui seraient, un jour ou l'autre, capables de diriger leurs propres Eglises. On voit ici l'erreur énorme, quoique involontaire, que M. Augagneur commet. Il attribue l' « Ethiopianisme » à la hâte trop grande avec laquelle certaines missions ont formé un pastorat indigène. La vérité historique est autre. L' « Ethiopianisme », pour une grande part, a été causé par la négligence de certaines missions à former ce pastorat et même par leur refus d'admettre l'existence et le rôle de ce pastorat.

Une curieuse contre-épreuve de ce fait est fournie par l'histoire d'une mission protestante française qui travaille au milieu de cette Afrique australe pénétrée d' « Ethiopianisme ». Ce mouvement est presque nul au Basutoland. Pourquoi? C'est que les Français, fondateurs de cette mission, imbus des traditions de notre pays, se sont préoccupés depuis longtemps d'associer les Bassoutos à la direction de leurs Eglises et de créer des pasteurs indigènes qu'ils traitent comme leurs égaux. Les divisions qui agitent et parfois bouleversent d'autres Eglises protestantes — en particulier celles qui doivent leur existence à des Allemands plus étrangers à la doctrine des Droits de l'Homme — sont à peu près inconnues dans ce coin de terre où l'on a usé d'une pédagogie libérale. L'expérience est faite.

Voyons les choses comme elles sont. Les sentiments qui sont à l'origine psychologique de l' « Ethiopianisme » peuvent se manifester sous des formes qui n'ont rien de religieux et dans des milieux qui n'ont rien d'ecclésiastique. Ils surgissent nécessairement partout où des hommes d'une race conquise sont admis à recevoir une instruction véritable et se trouvent en état de désirer leur relèvement social. Ces revendications plus ou moins clairement exprimées, ne les distinguons-nous pas en Tunisie, dans l'Annam, ailleurs encore? C'est un phénomène humain.

On ne tardera pas à le constater à Madagascar, et en

dehors des Eglises. Dans cette brochure anonyme qui condense à merveille les idées de M. Augagneur, on lit qu'un Malgache qui a étudié en France, et qui y a pris sa licence en droit, n'obtient jamais du gouvernement général l'autorisation de plaider même devant les tribunaux indigènes. L'administration ne veut pas que ce Malgache puisse acquérir une « dangereuse autorité ». Soit, mais ne voyez-vous pas ce qui se passe dans cette conscience, qui compare le degré de culture auquel elle est parvenue avec les capacités et la moralité de tel avocat-défenseur qui tient de sa race et de sa couleur le droit de représenter les intérêts des indigènes et d'en vivre?

Parlons franc : il y a là des mécontentements inévitables qui ne pourraient être conjurés que par une politique radicalement logique, par le refus systématique d'instruire les indigènes. Si vous voulez les éviter, interdisez qu'on apprenne à lire aux hommes de la race conquise, prohibez l'importation de tout exemplaire de la Déclaration des Droits de l'Homme et de tout livre qui suppose la réalité de ces droits; faites la nuit dans ces consciences qui demandent à s'éclairer (1). Je ne puis

---

(1) N'est-ce pas, d'ailleurs, ce qu'on a parfois l'air de poursuivre ? Voici une histoire qui ne manifeste pas un grand désir de faciliter le relèvement de la femme malgache :

Depuis 1903, Mlle Henriette Magnus, directrice de l'Ecole Elise de Pressensé, à Tananarive, avait institué, dans cette école (qui compte neuf classes et reçoit environ 300 élèves), un cours normal, destiné à préparer des institutrices indigènes.

Mlle Magnus poursuivait dans cette entreprise un double but : d'une part, former pour les écoles libres de filles, semblables à la sienne, des auxiliaires vraiment capables à la place des institutrices actuelles, qui n'ont que des méthodes empiriques, une instruction très rudimentaire et aucune compétence pédagogique. Et, d'autre part, démontrer par les faits qu'à Madagascar, comme en Europe, la femme n'est nullement un être inférieur et incapable, mais qu'elle peut, par son travail, arriver, tout aussi bien que l'homme, à une situation tout à la fois honorable et lucrative.

Le Gouvernement, et particulièrement le service de l'Enseignement, étaient au courant de cette tentative et l'avaient encouragée. Dès le milieu de 1906, Mlle Magnus, jugeant que la préparation de sa première volée d'élèves-maîtresses était suffisante, demanda qu'un règlement fût préparé pour admettre les jeunes filles indigènes à passer l'examen jusque-là réservé aux candidats du sexe masculin. Les épreuves pratiques seules devaient différer, — la coupe, la couture, la broderie, etc., remplaçant le dessin coté et le travail du bois. Le Chef du service de l'Enseignement et le Gouverneur Général lui-même déclarèrent que la chose n'offrait aucune difficulté. Ils n'y voyaient même, disaient-ils, que des avantages.

Le moment venu, le président de la Mission Protestante française fut avisé que le Gouverneur Général se refusait à laisser des

pas me mettre dans la tête qu'un républicain comme M. Augagneur ait cette doctrine. Mais je sais bien que notre démocratie refuserait toujours de la sanctionner. Le gouvernement de M. Clemenceau ne l'appliquera jamais.

Le danger de l' « Ethiopianisme » peut venir de diverses manières. Je suis convaincu qu'à la longue il aurait fini par surgir d'une façon spontanée dans ces Eglises indigènes de l'Afrique australe où l'on oubliait par trop d'abréger le temps de la tutelle imposée par les blancs. La crise a été précipitée par les prédications de noirs, venus d'Amérique, et qui se sont mis à exciter leurs frères de race contre les Européens. A Madagascar, on a vu l'administration jouer avec le feu et, dans une pensée de taquinerie puérile, exciter les indigènes à s'insurger contre leurs conducteurs spirituels.. C'était une trouvaille, cette idée de nourrir et de développer la défiance systématique des Malgaches à l'égard des Européens. J'ai crié: « Casse cou! » (1). Je ne m'en repens pas. Mais M. Augagneur, sans s'en apercevoir et pour réagir contre une politique dangereuse, risque de provoquer à son tour l' « Ethiopianisme » par des procédés nouveaux.

Il le provoque quand il accuse, par ses actes, par ses paroles ou par ses écrits, la volonté de maintenir les Malgaches dans la plus humiliante des tutelles: c'est le cas lorsqu'il leur refuse le droit de se rencontrer

---

jeunes filles malgaches se présenter à l'examen de capacité pour l'enseignement dans les écoles indigènes. Il ne croyait, disait-il, la chose ni utile, ni possible.

Cette mesure est d'autant plus extraordinaire que, depuis lors, une circulaire du 22 décembre 1906 a interdit toute participation à l'enseignement, dans les écoles privées, à tout indigène non muni du brevet de capacité. Cr il existe à Tananarive, à Fianarantsoa, à Ambositra, etc., de grandes écoles libres de filles, renfermant de 100 à 350 élèves, comportant par conséquent l'emploi d'un certain nombre de maîtresses adjointes, et dont le fonctionnement deviendrait impossible si l'on ne fournissait à ces maîtresses le moyen de faire constater légalement leur degré d'instruction et d'aptitude pédagogique.

Mais la question de principe domine tout. L'esprit colonial n'admettra-t-il comme carrière ouverte aux femmes indigènes que celle de la prostitution ?

(1) La preuve que l' « éthiopianisme » n'a rien de sérieux à Madagascar, c'est que l'administration n'est pas parvenue à le créer. Et pourtant elle y a travaillé, au risque de faire un mal très profond.

3

pour discuter le prix de leur riz (1). Il le provoque, quand il entend exproprier les Malgaches les plus instruits du droit de mettre en pratique, par exemple, devant les tribunaux l'instruction qu'ils ont reçue. Il le provoque, quand il prétend interdire aux missions de former un pastorat indigène et de profiter des expé-

---

(1) Une association, comprenant dans son Comité directeur des Européens et des Malgaches, existait de fait, à Tananarive, depuis 1898, sous le nom d'*Union Chrétienne de Jeunes Gens* (en malgache : *Fikambanan'ny lovolahy Kristiana*). Elle se rattachait à l'Alliance française des Unions chrétiennes de jeunes gens, dont le siège est à Paris, 14, rue de Trévise.

Cette association, qui s'interdisait rigoureusement toute discussion politique, avait pour but le développement physique, intellectuel et moral de ses membres, par le moyen de cours, conférences, concerts, réunions récréatives et réunions religieuses, jeux sportifs, bibliothèque, salle de lecture, etc. Elle s'était donné, en 1902, des statuts et les avait régulièrement déposés à la mairie de Tananarive.

En 1904, l'Union Chrétienne de Tananarive avait envoyé en France un de ses membres, M. Ravelojaona, instituteur indigène breveté, afin qu'il s'initiât aux fonctions de secrétaire général d'Union Chrétienne. En 1905, par les soins de ce Malgache, homme distingué, écrivant et parlant le français dans la perfection, des fonds avaient été recueillis en Europe pour faciliter à l'association l'acquisition d'un immeuble approprié à son but.

En 1906, M. Ravelojaona est rentré à Tananarive. Un local a été aussitôt cherché et aménagé. Il allait être ouvert et ce petit cercle allait fonctionner dans des conditions satisfaisantes, pour le plus grand profit de la jeunesse masculine, si nombreuse dans la capitale de Madagascar, lorsque M. le Gouverneur général, par une lettre du 8 octobre 1906, en a ordonné la dissolution immédiate, la considérant comme constituée illégalement et tombant sous le coup de l'art. 292 du Code pénal.

Cette mesure rigoureuse a vivement affecté les Européens et les indigènes qui avaient pris l'initiative de cette institution humanitaire. De semblables associations existent aujourd'hui librement dans toutes les parties du monde, sauf en Russie, où elles sont interdites. Il est vraiment humiliant pour des Français de voir leur pays imiter les procédés du tsarisme. Avouerons-nous devant le monde entier, qui tolère ou favorise de semblables associations, que notre domination est compromise si de jeunes indigènes peuvent se réunir dans un cercle moral ? Aussi bien il ne s'agissait pas d'une association entre indigènes seulement, mais entre indigènes et Européens, et les statuts assuraient à l'élément européen une proportion considérable dans le Comité directeur. D'autre part, des associations où sont admis les indigènes existent à Madagascar dans d'autres domaines : les Malgaches sont parfaitement reçus dans une société de courses où ils peuvent se ruiner à leur aise ; deux jeunes docteurs indigènes n'ont-ils pas été acceptés, tout récemment, comme membres d'une autre société, l' « action républicaine » ? Convient-il que la liberté d'association soit accordée ou refusée, selon que l'on a telles ou telles idées métaphysiques ? Qu'on y prenne garde : les Malgaches s'instruisent, ils lisent, ils savent ce qui se passe dans tous les pays de l'univers, y compris les colonies portugaises. L' « éthiopianisme » que je redoute, c'est celui qui ressortira forcément d'une comparaison de ce genre.

riences faites dans l'Afrique du Sud. Il le provoque, quand il parle d'ôter aux Malgaches le droit le plus essentiel, c'est-à-dire de leur laisser la faculté de se convertir aux idées soutenues devant eux, tout en leur interdisant de faire la moindre propagande en faveur de ces idées. L' « Ethiopianisme » qu'on prépare ainsi se produira sous une forme religieuse, mais aussi sous une forme sociale. Il présentera les pires dangers, si M. Augagneur s'obstine dans sa politique présente. Mais, une fois de plus, j'en appelle de cette politique aux réflexions plus approfondies qu'il fera.

Ce qu'il faut à Madagascar, c'est l'application de la loi de séparation. J'indiquais, lundi dernier, qu'un régime de transition serait acceptable. J'ajoute qu'il serait très facile de trouver dans la loi du 9 décembre 1905 le moyen le plus sûr de rendre impossible ce que le gouverneur général redoute si fort. Il ne veut pas que se forme une Eglise nationale purement indigène? C'est très simple.

La liberté de conscience et de culte serait assurée aux Malgaches par le droit de former des associations cultuelles. Le péril qu'on tient à conjurer serait supprimé si une union d'associations ne pouvait se former qu'à la condition d'avoir dans son conseil directeur une proportion déterminée de blancs.

Au fond, je ne crois qu'à la liberté. Mais si l'on veut prendre des précautions, qu'on les prenne — à condition qu'elles n'équivaillent pas à la suppression de la liberté et qu'elles préparent au contraire l'établissement d'un régime digne de la France et d'une démocratie.

TABLE DES MATIÈRES

Impr. Centrale de la Bourse. — ALCAN-LÉVY, 117, rue Réaumur.